MEMOIRES DE LAFAYETTE

Texte et photographie
par

Charles Larroque

PELICAN PUBLISHING COMPANY
Gretna 1999

ISBN: 1-56554-644-X

AU COMMENCEMENT

C'est en ce lieu que se rencontrèrent le Vieux Sentier espagnol et les abords élevés de la rivière Vermilion. Son premier nom fut "Petit Manchac," terme des Indiens Choctaw emprunté par les premiers habitants blancs et qui signifie "sentier détourné." Désireux d'étendre leurs opérations jusqu'au bassin du bayou Tèche et au-delà, les marchands ainsi que les contrebandiers se servaient de cet itinéraire contourné située en amont du golfe du Mexique.

Pendant les années 1760, les indigènes de cette région du "Poste des Attakapas" se virent dessaisis de leurs prairies fertiles au profit du nombre croissant de nouveaux arrivants. Les Français et les Espagnols établirent de vastes élevages de bétail; la population créole intégra des esclaves provenant du Sénégal et de Haïti; des missionnaires catholiques s'installèrent dans la colonie tout en laissant derrière eux le tumulte de la révolution du Vieux Continent. Le groupe d'immigrants le plus important fut celui des exilés acadiens qui adoptèrent comme nouvelle patrie cet Eden qu'était la Louisiane. C'est donc dans une "Nouvelle-Acadie" que se réunirent les familles éparpillées du Grand Dérangement.

Un des premiers Acadiens à parvenir au lointain Poste des Attakapas fut Jean Mouton. C'est celui qui changea le destin de la Louisiane du sud. En 1821, Mouton fit don d'une propriété à une église catholique autour de laquelle se développa le village de Vermilionville, et plus tard, la ville de Lafayette.

La Paroisse de Lafayette fut définie à partir du comté des Attakapas en 1823 et nommée ainsi en honneur au héro français de la Guerre d'Indépendance, le Marquis de La Fayette. Qui sait quelle trace aurait laissé le Marquis sur l'ancienne colonie française s'il avait accepté l'offre du Président Jefferson de devenir le premier gouverneur du territoire de la Louisiane? L'héritage louisianais du général serait plutôt devenue l'histoire de deux villes, de deux Lafayette. La première ville qu'on nomma Lafayette fut absorbée par sa grande voisine, la Nouvelle-Orléans, quand on décida de les réunir en 1852. C'est alors qu'un peu plus tard, en 1884, les citoyens de Vermilionville, sensibles à leurs origines françaises, votèrent pour restaurer le nom du bien aimé général La Fayette, Citoyen de Louisiane, et changer ainsi le nom de leur ville en celui de Lafayette.

La Fayette, Citoyen de Louisiane.

LES PIONNIERS DES BAYOUS

Quarante arpents de terre, une vache et un bœuf, quelques poules, des graines et un fusil.Voila le strict nécessaire avec lequel les réfugiés acadiens durent se créer une nouvelle existence, une nouvelle vie fondée sur la persérvérance et un sens de l'improvisation qui les accompagnèrent pendant la longue épreuve que fut le Grand Dérangement. S'en était enfin terminé de la dispersion et ils se retrouvaient chez eux, en Nouvelle-Acadie.

Les Acadiens réussirent à surmonter les limites d'un environnement hostile et implacable. Tenant ferme tel un chêne face aux forces destructrices d'un ouragan, obstinés comme une écrevisse prête à tout pour se défendre, ces pionniers vigoureux firent plus que survivre, ils s'installèrent.

On les appelle 'Cadiens, ces descendants d'immigrants acadiens en Louisiane. Pour préserver cet héritage unique, leur histoire est retracée à Lafayette dans plusieurs musées consacrés à la culture populaire. Le centre culturel du parc national Jean Lafitte décrit la culture traditionelle et contemporaine des Acadiens de la Louisiane. A l'ouest de Lafayette se trouve le Village Acadien où la restauration de vieilles maisons reflète la société acadienne du dix-neuvième siècle. On y trouve aussi le musée de la Vallée du Mississippi qui évoque les aventures des expéditions frontalières parmi les tribus qui habitèrent ce vaste territoire. Sur les rives du bayou Vermilion, la vie traditionnelle de la vieille ville est dépeinte sur un panneau d'information sur la place Vermilionville.

Cette culture transplantée de la vieille Acadie en Louisiane est toujours vivante. Certains de ses aspects ont peut-être perclité mais que de choses ont été apprises! Les cotillions fantaisistes et les contredanses du Vieux Continent sont de doux souvenirs pour les danseurs du *Cajun swing nouveau* au fais do-do. Les odeurs de recettes traditionnelles ont imprégné les vieux murs des cuisines où se concoctent aujourd'hui des préparations plus exotiques de gumbo et de jambalaya. Quant à la langue française du dix-septième siècle, elle s'est enrichie comme toute langue de plusieurs influences qui ont nourri son évolution. A vrai dire, c'est une métamorphose familière et même spirituelle.

La chapelle au Village Acadien.

ECHOS DE VERMILIONVILLE

Trop de plantations de la vieille Vermilionville ont succombé à la ruine qu'entraîna la guerre de Sécession ainsi qu'au progrès des temps modernes, implacables et sans pitié. Pourtant, dans la brise lourde du golfe, le long des buttes ondulantes des bayous, on entend encore résonner leurs noms: Ile Copal, *Walnut Grove,* Beau Séjour et Magnolia. Les ravages du temps ne réussiront cependant jamais à détruire le grandeur poétique et la culture raffinée du Vieux Sud, que l'on peut encore trouver dans certaines maisons ancestrales de Lafayette.

La Maison Alexandre Mouton fut construite vers 1800 par Jean Mouton, père du premier gouverneur acadien et aussi fondateur de Vermilionville. Les résidences des riches planteurs étant généralement situées bien en dehors de la ville, il était commun d'y posséder une autre maison appelée "Maison Dimanche." L'opulence de la culture des plantations créoles s'exprime fièrement au travers d'autres habitations *antebellum,* notamment dans le quartier historique de *Sterling Grove*. Le sentiment d'une architecture typiquement louisianaise apparaît au travers de ces maisons aux murs construits en bois de cyprès, anciens habitants des marécages avoisinants, et aux briques massives, faites de terre "gumbo" provenant du delta. Ce sont les demeures d'une gloire impérissable et qui distillent encore les passions immortelles des gens qui y habitèrent.

Promenez-vous devant ces anciennes maisons charmantes. La cacophonie perçante d'un chœur d'oiseaux *tchoques* s'infiltre au travers d'un rideau de bambou et finit par se mêler à une conversation de véranda. Des odeurs suaves s'évadent d'un jardin d'amaryllis et de glaïeuls tout près de la cuisine. Une *grègue* à café fait tomber goutte à goutte son mystère du temps, chaud et noir. C'est samedi aujourd'hui. L'écho d'un *charivari* et de ses tambours parvient aux oreilles. Ça vient de là-bas, sous de vieux chênes voûtés. On y danse encore la Bamboula.

La Maison Dimanche derrière la Maison Alexandre Mouton (le musée de Lafayette).

LE PARC D'ACADIANA

Dans les eaux brunâtres de la *coulée* François, le *choupique* patrouille sous les eaux ombragées des chênes verts et des cotonniers, en quête de larve de *maringouin* ou d'une coccinelle en train de se noyer. Peu de choses ont changé pour ce poisson préhistorique qui habite les eaux deltaïques du Mississippi depuis des milliers d'années. L'ancien fleuve qui serpenta cette région y laissa lors de sa retraite vers l'est du pays une forêt vierge et luxuriante, inondée de frênes, de pacaniers amers et d'amourettes épineuses.

S'écoulant du bayou Vermilion tout proche, la coulée suit un vieil affluent du Mississippi et serpente aujourd'hui au centre du parc d'Acadiana. Il y a deux cents ans, ce lieu idyllique faisait partie de la plantation de l'immigrant français Pierre Dugat qui profita des terres riches en alluvions pour ses cultures. La poussée de la nature s'est finalement ralentie sous l'ombre du développement rapace de l'homme pour qui ce paysage faisait de moins en moins partie de son imagination.

Pourtant, on a réussi à préserver la ravissante beauté d'un écosystème unique où les sentiers sinueux se fondent dans une vingtaine d'hectares de flore et de faune vives et abondantes. Des vignes pendent du couvert végétal, véritable baldaquin de la forêt, telles des serpents ligneux. Des tatous s'affairent parmi les lataniers nains à la recherche de vers de terre et de savoureuses fourmis rouges tandis que le rat des bois joue son jeu d'opossum dans copals et branches d'ormeaux.

Dans cette forêt primitive, un colibri à gorge rubis fait son doux adieu au chèvrefeuille des bois et bourdonne vers les jardins de la ville toute proche pour s'enivrer de la douce haleine printanière. Lorsque les vents de Carême s'amenuisent en une brise légère venue du golfe, la ville de Lafayette se transforme en un kaléidoscope floral éclatant: camélias, gardénias, hortensias et la plus éclatante de cette floraison: l'iridescente et délicate azalée. Ce bosquet coloré domine tellement la magnifique palette de la ville qu'on y a tracé un "Sentier d'Azalées" qui se fraie un parcours irisé au travers des quartiers de Lafayette. Ce tableau époustouflant forme un étonnant contraste avec le paysage vert-éternel de la Louisiane où la nature voilée par les ombrages de mousse espagnole s'enracine dans une mélancolie exquise.

Le bayou Vermilion au parc d'Acadiana.

GOOD HOPE HALL
300

FREETOWN

Il existe un quartier proche du centre ville de Lafayette où le présent et le passé se mêlent à l'histoire des Afro-Américains. On l'appelle Freetown. Ancienne parcelle de la plantation d'Alexandre Mouton, Freetown abritait les "gens de couleur libres" avant la guerre de Sécession. A la fin de la guerre, les esclaves libérés quittèrent la plantation pour se regrouper ici en une société communautaire déjà établie.

Pendant la période tumultueuse de la Reconstruction, dans un Sud brisé, Vermilionville ne fut pas à l'abri de la terreur raciale: afin de contrer les activités de la *White League*, la communauté noire s'unit pour former la *True Friends Society*. Lorsque les hostilités diminuèrent pendant les années 1870 et 1880, les Afro-Américains de Vermilionville se préoccupèrent surtout du bien-être social de leur communauté grâce à des groupes bénévoles parmi lesquels on trouvait la *Good Hope Society*.

En 1902 on construisit le *Good Hope Hall,* alors centre communautaire pour ceux qui gardaient l'espoir d'une vie meilleure à Freetown. Depuis, le bâtiment a abrité de nombreuses activités au travers d'une église catholique, d'un théâtre, d'un hôpital, d'un bar, d'un salon de barbier, et de bureaux d'avocats. Mais le rôle sans doute le plus coloré du *Good Hope Hall* fut celui d'une boîte de jazz pendant les années vingt et trente. La salle frissonnait aux sons des jazzmen célèbres de l'époque tel le légendaire Louis Armstrong. Comme le voulait la coutume, c'est un trompettiste juché sur la véranda qui annoncait le bal en soufflant ses notes stridentes.

On a pu voir beaucoup de changements à Freetown, qu'on surnomme aussi aujourd'hui *Mouton Addition,* mais il existe un fil conducteur qui traverse cette communauté soudée: c'est une solidarité bâtie sur la force spirituelle, l'esprit du bénévolat et les plaisirs simples. Aujourd'hui, la mémoire collective est perceptibe au travers des sens. Une vieille femme balaie le portique d'une maison *shotgun* où l'arôme de fèves qui s'élevent de la cuisine plane sur les vapeurs voluptueuses de la cuisson de patates douces. Un air de blues *La La* s'évade de la radio et rejoint un chœur de gospel soufflant de l'autre côté de la rue. Une brise du golfe murmure des prières avec tante Na Na récitant son chapelet. Près d'un poulailler, un baquet renversé et rouillé retient ses secrets oubliés.

Le Good Hope Hall *à Freetown.*

LA FOI ET L'ESPOIR

Dépouillés de leurs terres, les Acadiens issus de la dispersion de 1755 gravitèrent, comme des pelèrins abandonnés, vers le sud, vers une Louisiane plus hospitalière et plus catholique. Faisant anciennement partie de la paroisse mère de St-Martin des Attakapas, l'actuelle paroisse de St-Jean l'Evangéliste fut établie à Vermilionville en 1822 sur une parcelle de terre qui fut donnée par l'exilé acadien, Jean Mouton. Presque cent ans plus tard, après l'édification de trois églises et le sacrement de nombreux curés, le Vatican décida de créer le diocèse de Lafayette et y nomma son premier évêque, Jules Benjamin Jeanmard, originaire de Pont-Breaux.

Dans l'éclat des vitraux de la cathédrale romane de St-Jean se dessine un chêne centenaire, le *St. John Oak,* membre vénérable d'un ordre distingué composé uniquement d'arbres extraordinaires: la Société des Chênes Verts. Derrière les branches massives du vieil arbre se trouve un cimetière où les tombes, d'un blanc laiteux, évoquent la mémoire de noms familiers gravés dans la conscience collective de la paroisse. C'est un endroit d'une blancheur d'albâtre recouvert de mausolées de marbre et de briques disloquées, parmi desquelles émane un sens aigu de la famille: une communauté d'âmes séparée des vivants mais unie dans le pouvoir de l'émotion humaine.

Sur les rives du bayou Vermilion s'organisent des rencontres autour d'un grand jubilé de confréries chrétiennes où l'Allélulia d'un paradis céleste oscille avec le *Hallélujah!* de la liberté terreste. On trouve ici une des plus grandes communautés de Catholiques noirs des Etats-Unis chez qui la tradition spirituelle s'ancre profondément dans les épreuves pénibles issues de l'esclavage. Le réveil s'y fait au son des bonnes nouvelles du *full gospel,* entendu de Gethsemane à Nazareth et du Mont Béthel à Bonne Espérance. La tempête s'en va maintenant. Entrons dans la maison du Seigneur.

La veille de la Toussaint au cimetière de St-Jean.

LAFAYET
CITY HA
JEAN JACQUES ALFRED
MOUTON
KILLED AT THE BATTLE OF
MANSFIELD LA
MOUTON

LE GENERAL ALFRED MOUTON

Pour les Acadiens de la Nouvelle-Acadie, le concept de la guerre n'était point étranger. En 1776, toujours sous l'ébranlement du Grand Dérangement, les réfugiés acadiens rejoignirent avec enthousiasme les rangs du gouverneur espagnol Galvez dans le but d'aider les Américains à libérer la Floride occidentale d'une domination anglaise. Par la suite, la guerre de 1812 amena une nouvelle génération d'Acadiens à venger la déportation de leurs parents, cette fois aux côtés du Général Andrew Jackson et du pirate Jean Lafitte lors de la bataille de la Nouvelle-Orléans. Mais ce fut la grande guerre de Sécession américaine qui apporta le plus grand boulversement dans la vie des Acadiens, chez eux, dans cette Louisiane aux prairies douces et aux bayous paresseux.

A trois reprises durant cette guerre, la contrée des Attakapas fut envahie par les forces nordistes de l'Union. Pris dans ce conflit fratricide entre le Nord et le Sud, les *"Cajuns"* (qui étaient associés par les troupes nordistes à une région où l'anglais restait une langue étrangère) épousèrent la cause confédérée à contre cœur. La plupart était surtout de petits fermiers et des vachers sujets aux lois de la conscription des Confédérés, à la différence du planteur créole qui, grâce à sa citoyenneté française, s'exemptait d'un service militaire peu agréable. Un homme pouvait galvaniser ces Acadiens indépendants et acharnés: Alfred Mouton, fils de l'ancien gouverneur Alexandre Mouton et petit-fils de l'exilé acadien, Jean Mouton.

Depuis le début de la guerre, la "Garde Acadienne" du Général Alfred Mouton s'était distinguée au combat lors des batailles de Pittsburg Landing en 1862 et de Shiloh en 1863, là où Mouton fut grièvement blessé. De retour en Louisiane à la défense de leur chère Nouvelle-Acadie, les 'Cadiens du *18th Louisiana Regiment* cherchèrent à chasser pour toujours l'Union. C'est dans la région de la Red River que l'armée fédérale fut mise en échec par les fusils acadiens lors de la bataille de Mansfield où les Yankees furent renvoyés en aval du Mississippi. Mais à quel prix! Le 8 avril 1864, sur ce champ de bataille, gisait le corps sans vie du "vaillant et bien aimé" Jean-Jacques Alexandre Alfred Mouton du Bayou Vermilion.

Le "vaillant et bien aimé" Alfred Mouton.

L'AGRICULTURE

Pendant la coupe de la canne (la *roulaison,* comme on dit en Louisiane), l'air d'automne s'alourdit d'une odeur de sucre calciné. Au crépuscule, une autre journée s'achève et les fermiers respirent la douce boucane de la canne qui brûle dans les champs bordant le bayou. C'est un délicieux arôme qui enveloppe cette région fertile et verdoyante s'étalant entre les prairies des Attakapas et des Opélousas. C'est pourtant une senteur inquiétante qui prédit la course du lendemain contre le temps et la nature. La mythologie de l'ancien système de plantation n'existe que dans le caractère singulier de l'environnement louisianais et son effet sur l'imagination. Ce sont des préoccupations mondaines qui tracassent le planteur d'aujourd'hui, telles que les menaces chroniques dues aux surproductions étrangères de sucre ou aux maladies de la canne elle-même. Si la coupe est devenue une tâche mécanisée, elle est remplie cependant avec passion.

A l'ouest des plaines alluviales se trouvent les aires plates et verdoyantes des rizières à maturité. A l'instar d'une recette 'cadienne, bien d'ingrédients se trouvent dans l'histoire du riz louisianais. Introduit dans la colonie par les Africains, le riz est vite devenu l'élément principal de la nourriture des Acadiens, passés maîtres dans l'innovation culinaire. Mais ce furent les fermiers allemands, émigrants du *Mid-West,* qui montrèrent aux habitants des prairies côtières comment réussir à le cultiver.

Après le battage, l'agriculture se transforme en aquaculture: les anciennes rizières innondées deviennent des avenues-pièges pour les écrevisses. Le tracteur cède sa place au bateau, recueillant les crustacés qui finiront bouillis ou préparés à l'étouffée sur un lit blanc de riz louisianais.

Il existe une scène commune aux paroisses rurales du sud de l'état: celle du bœuf brahmane qui partage son pâturage avec le héron égyptien. Se nourrissant des parasites de l'animal, le grand oiseau est élégamment juché sur le dos de son hôte. Cette symbiose extraordinaire, spectacle pastoral, semble évoquer l'association intime entre les Louisianais, attachés à la terre, et une nature particulièrement exigeante.

Lors de la coupe.

LE BATIMENT CENTENAIRE DU CODOFIL

Se détachant des bâtiments historiques de Lafayette, l'ancienne mairie se situe au 217, rue Principale Ouest, face à la *maison de cour,* le palais de justice. Construite en 1898 sur les plans d'une banque, elle révèle une architecture de style rococo propre à la Lafayette de la fin du siècle dernier alors qu'elle connaissait un rapide essor économique dû au développement du chemin de fer. Cet essor fit de Lafayette une ville phare qui entraîna telle une force centrifuge une multitude d'activités de proximité, ce qui lui valut son surnom de *hub city.*

C'est en 1906 que le bâtiment changea de vocation et devint la première mairie de Lafayette. Si d'extérieur sa façade évoquait un style victorien, les maires qui s'y étaient succédés tenaient plus quant à eux du romanesque: Mouton, Martin, Trahan, Girard, St-Julien et Roy.

Aujourd'hui, les seuls vestiges rappelant l'ancienne municipalité se trouvent à l'arrière du bâtiment où subsistent les fondations de la prison qui abritait six cellules, trois pour les blancs et trois pour les noirs. Ce bâtiment centenaire a, par la suite, servi de bibliothèque; il abrite depuis 1968 un organisme d'état, le Conseil pour le Développement du Français en Louisiane (CODOFIL).

A l'aube d'une nouvelle ère, cet édifice, orné de briques rouges et situé en plein cœur de Lafayette, symbolise non seulement l'évolution architecturale de la ville mais aussi son histoire et son peuplement. Le surnom de *hub city* trouve aujourd'hui une nouvelle signification, celle de la capitale de la Louisiane française.

La Vieille Mairie.

LAFAYETTE, CENTRE PETROLIER

Sur les terres plantureuses de la Louisiane, la culture de la canne à sucre a toujours été privilégiée par les planteurs. Pour les petits habitants de la vieille Vermilionville, une habitation était incomplète sans le "clos de canne." Cependant, sous la mer verdoyant des champs, bien au dessous du fertile terrain alluvionnaire, gisait une autre richesse: le pétrole. Sa découverte dans la région au début du vingtième siècle changea radicalement la ville et la paroisse de Lafayette et dans un sens, la communauté acadienne. C'était l'époque du *"clos d'huile,"* celle des gisements pétrolifères.

La quête de l'or noir ayant gagné le Texas, elle progressa par la suite vers l'ouest de la Louisiane où les Acadiens ouvrirent la voie d'explorations dans une région de marais impénétrables et de *"prairies tremblantes,"* éléments d'un environnement, pour eux, familier.

Pendant les années cinquante, les compagnies pétrolifères et les opérations de soutien technique s'installèrent au *Oil Center* de Lafayette. L'ancien centre d'activité ferroviaire qu'était la ville se transforma en un véritable axe de production de gaz et de pétrole, contribuant ainsi à l'essor de toute la Louisiane bien au delà de ses frontières maritimes.

Malgré une tendance traditionnelle à rejeter les valeurs matérielles, beaucoup d'Acadiens ont échangé la charrue du métayer pour le boghei des marécages. C'est ainsi que l'ancien petit habitant a appris les manières du *roughneck,* l'ouvrier des plates-formes offshore, et s'est vite bâti une réputation mondiale dans ce domaine, de la baie de Vermilion à la Mer du Nord. Incontestablement, l'industrie pétrolière, facteur le plus important dans le développement de la ville, a boulversé ce pays 'cadien, pays jadis isolé et endormi, mais désormais bien irrigué par les affluents du *mainstream* américain.

Le clos d'huile, chemin Beau Pré, Lafayette.

U.S.L.: L'UNIVERSITE DES ACADIENS

Dans les temps préhistoriques quand de grands troupeaux de bisons traversaient les riches prairies des Attakapas, ces nobles bêtes s'arrêtaient à l'ombre fraîche et éternelle d'une cyprière qu'est aujourd'hui le "lac des Cipres," situé en plein cœur du campus de l'Université du Sud-Ouest de la Louisiane. Suite aux passages successifs de ces animaux, une dépression se forma à la surface du sol. Elle se transforma en bassin avec les pluies et devint alors un habitat miniature pour la faune et la flore des marécages de la Louisiane. De grandes aigrettes, figées sur l'eau, vivent aujourd'hui une vie féconde dans cette réserve naturelle en pleine ville; au milieu de tortues alertes et d'alligators indifférents qui se chauffent au soleil parmi les pétales d'iris bleus. Cette scène n'est guère représentative des campus américains.

Depuis sa construction en 1898, U.S.L. (qui a été surnommé "l'Université des Acadiens") ne s'est jamais vraiment conformé à l'image typique des universités américaines. La notion de l'académie y est ici à la fois ancrée dans l'esprit pratique des Acadiens et fondée sur le caractère international d'une ville universitaire qui s'avère être le centre culturel de la Louisiane française.

L'évolution de U.S.L. s'est faite avec celle de la communauté de Lafayette depuis les jours où la ville constituait un centre agricole important pour le sucre, le coton et le riz. Avec l'épanouissement de l'industrie pétrolière, l'institution est devenue une université interdisciplinaire offrant aux étudiants des études d'ingénieur, de sciences de l'éducation, de lettres, d'agronomie, d'informatique et de commerce, ainsi qu'un programme de doctorat en Etudes Francophones unique aux Etats-Unis. On trouve par ailleurs à la bibliothèque Dupré le prestigieux Centre d'Etudes Louisianaises.

Pendant plus d'un siècle, des idées ont germé et produit de véritables connaissances dans cette université de cyprès et de chênes. U.S.L., c'est un lieu d'enseignement et de recherche qui reflète cet endroit spécial du monde. Etudier les sciences humaines, c'est aussi écouter la musique 'cadienne et *zarico* à la radio du campus. S'initier aux sciences appliquées c'est aussi faire un barbecue sur l'aire de stationnement du stade avant un match des *Ragin' Cajuns!*

Le lac des Cipres sur le campus de U.S.L.

LOANS
Jefferson St.
EXECUTIVE FURNITURE
237-4604

LE CENTRE VILLE

Bien des choses ont changé depuis 1821 lorsque le réfugié acadien Jean Mouton fonda sa ville autour d'une église paroissiale et d'un palais de justice. L'avancée urbaine, phénomène contemporain dans le flux et le reflux du *mainstream* américain, clapote à présent aux abords du centre ville. Ils sont loin les jours où le commerce était au cœur des activités qui façonnèrent Vermilionville et, plus tard, Lafayette. A une époque, des marchands bistrés par le soleil colportaient des chaudrons en fonte et de la cire à moustache entre deux rendez-vous clandestins avec Jean Lafitte et ses pirates; les tragiques secrets à l'autre bout du Mississippi étaient dévoilés par des troupes d'opéra en tournée; à l'ancienne gare, des ouvriers cassaient la croûte en trempant leur pain dans un sirop de canne or noir. Le monde prenait le temps de vivre.

Si le rythme de la vie est devenu plus rapide dans le vieux sud, le centre ville est devenu aujourd'hui le lieu d'événements culturels en l'honneur des traditions des aïeux et des générations à venir. C'est une véritable dépression tropicale bachique qui s'abat sur la rue Jefferson lors de la célébration du Mardi gras, la seconde par son importance aux Etats-Unis. Avant l'arrivée du Carême, la chaire crie le long des parades; l'allégorie grecque flotte sur des chars et pardessus le fanfare en plein boogie-woogie des marais. Au printemps, le centre ville est en proie à une frénésie multiculturelle issue d'une kermesse mondiale: le *Festival International de Louisiane.* En été et en automne, les rues s'animent le vendredi soir aux sons musicaux du *Downtown Alive!* : les avocats s'agrippent dans un cha-cha *zarico,* les anthropologues font de même avec des éplucheurs d'écrevisses, et les enfants . . . ils regardent tout. Ici on peut entendre le sang Latin.

Il est vrai que de nombreux repères propres à la ville ont peut-être été oublié, mais les gens de Lafayette se rassemblent toujours en son centre où, instinctivement, ils entretiennent une mémoire héritée. Il se déclenche ainsi cet instinct de préservation collectif nécessaire pour s'adapter à une nouvelle époque.

Vue sur la rue Jefferson située au centre ville de Lafayette.

CLASSIC

LE FESTIVAL

Là-bas, on appelle ça "bons temps rouler." C'est l'ingrédient principal du gumbo culturel qui mijote à travers des générations de 'Cadiens et de Créoles installés dans leur Louisiane subtropicale, loin des plages misérables du Grand Dérangement, loin des terribles ténèbres de la Traite des Noirs au Sénégal. Alors, c'est maintenant que "roulent les bons temps." Et au pays des bayous, ces roulements s'apparentent à un ouragan de force trois.

A moins de mener personnellement l'expérience de cette culture qui se transmet en traversant cuisines, églises et vérandas et qui, malgré les apparences, demeure encore distincte et préservé, c'est dans les sempiternels festivals du sud de la Louisiane qu'il est possible de célébrer une manière de vivre qui a miraculeusement échappé aux forces de l'assimilation.

Selon les anciens, on pourrait devenir 'Cadien "par le sang, par alliance ou par la porte d'en arrière." Ajoutons aussi "par les *Festivals Acadiens."* Brassée par la fusion d'anciennes influences musicales et poussée par un rythme piquant, des musiciens 'cadiens chantent les malheurs et l'amour qui bouillonnent dans leur jus comme des écrevisses dans leur bisque. L'air épais du golfe est pénétré des ballades médiévales, transportées sur un bourdonnement de violons aux accents celtiques.

Tordues par un accordéon allemand, des notes fortes composent une mélodie à des danseurs qui se laissent entraîner dans un tourbillon de poussière khaki. Ce sont là les protagonistes d'une tradition d'automne qui refuse de mourir.

Au printemps, c'est un bonheur global partagé à Lafayette avec la pollinisation des cultures francophones du monde lors du *Festival International de Louisiane*. La vie quotidienne s'imprègne alors d'art populaire et le tout s'exprime des langues des indiens Navajos au français local de Carencro; les gens du pays—la *"Louisiane"* dans le *Festival International*—font ce qu'ils savent le mieux faire: ouvrir leurs portes et leurs cœurs. Boudreau de Grand Pré rencontre Thibodeaux de Grand'Prairie; des Savoie du Poitou jouent à la pétanque ou aux cartes 'cadiennes avec des Savoy de Mamou. Ceci va au-delà des *mint juleps* et du *swamp tour*. Voilà la véritable célébration d'une *Louisiana Story* qui continue de se raconter.

Bons temps rouler! *aux Festivals Acadiens.*

1997
1980
1986

LE MARDI GRAS

Loin du mambo bizarro de la grande ville se dévoile un monde insoupçonnable où tous les contraires se rencontrent sens dessus dessous: un fier chef Attakapa porte la couronne du vainqueur; des soldats insolents du révolutionaire haïtien Toussaint L'Ouverture se pavanent dans les rues aux côtés de la garde de Bonaparte; Evangéline et Gabriel, ennemis de la Couronne d'Angleterre et amants perdus du poète Longfellow, se réunissent enfin, vêtus d'habits royaux, et valsent allègrement au rythme du bal du carnaval. Nous sommes loin de la forêt primaire.

Au-delà du délire urbain, à la campagne, on court les champs où se retrouvent les 'Cadiens et les Créoles en une catharsis bien méritée après plus de deux siècles d'exil. Ils sont les créatures de la course du Mardi gras: on court pour revisiter un passé amer et ô combien pénible.

"Allons Mardi Gras!" Ils montent leurs chevaux, dans leurs wagons ou leurs camions, comme des clowns dans un Cirque du Soleil 'cadien. La procession felliniesque serpente entre rizières et prairies aux rythmes de chansons dont les airs nous transportent mélancoliquement dans la France du XVIème siècle.

La fête de la quémande fait halte à une maison de campagne pour demander des *petits cinq sous,* un peu de riz ou de la saucisse pour préparer le gumbo collectif. Ici, un zouave *zarico* danse un *two-step* fou avec une gargouille plantée dans son chapeau de paille. Là-bas, un sorcier sénégalais entre dans une danse macabre avec la fille ainée du propriétaire. Là-haut, perchés sur leurs selles, des cavaliers-paillasses dansent un jitter-bug diabolique tandis qu'ailleurs, on grimpe dans les chênes en quête de mousse espagnole pour regarnir sa barbe. Le spectacle atteint son paroxysme lorsque le maître de la maison lâche enfin dans les airs la poule consacrée qui finira en gumbo dans le chaudron. La scène se répète une dizaine de fois pendant la journée avant que la parade de déchaînés ne rentre triomphante au village.

Le lendemain, le mercredi des Cendres, annonce un adieu à la chair. Le théâtre de l'absurde quitte le village et il ne reste, pour les chasseurs de poules, que les traces de lendemains de fête difficiles et un autre cycle de 364 jours durant lequel ils feront bonne âme.

Le Krewe de Couche Couche.

LA CUISINE

Tel la communion culinaire parfaite entre le pain de maïs et l'écrevisse, les Africains et les Acadiens ont relevé ensemble le fameux goût de la cuisine traditionnelle de Louisiane. Leur histoire commune, ayant mijoté pendant plus de deux cents ans du goût amer de la survie, est aujourd'hui tendre et bien cuite.

Préparer le pain de maïs. Chauffer le four à 350° F (180° C). Sauter un oignon et un piment vert dans un bâton de beurre jusqu'à ce qu'ils deviennent transparents.

Issue des racines sénégambiennes de l'Afrique de l'Ouest, la société afro-créole se développa dans la Louisiane du Nouveau Monde; des esclaves avaient réussi à ramener de leur pays les graines d'un légume qui allait devenir la culture basique du jardin créole: le gombo, ou ocra. La gousse du gombo, le févi, devint ainsi l'ingrédient principal de cette fameuse préparation louisianaise qu'on appelle aujourd'hui le gumbo.

Ajouter une livre de queues d'écrevisses et laisser cuire à peu près 5 minutes. Ajouter ensuite une boîte de soupe à la crème de champignon et une tasse d'eau. Faire cuire pendant 10 minutes.

Ensuite, ce furent des réfugiés acadiens qui générèrent un ouragan de créativité culinaire inspirée de la flore et de la faune exotique de ce pays semi-tropical. Les Acadiens assimilèrent l'utilisation africaine du gombo pour le marier au roux, un mélange d'huile et de farine, afin d'obtenir une sauce de consistance épaisse et brune à laquelle on incorpore volaille, gibier, fruits de mer ou saucisse.

Enlever du feu et écraser le pain de maïs dans le mélange d'écrevisses. Ajouter une demi-tasse de lait. Bien mélanger.

Les cuistots adjoints de cette cuisine unique furent bien sûr les Français et les Espagnols de la Louisiane coloniale ainsi que les indigènes Choctaws et Chickasaws qui se partageaient les secrets ancestraux des assaisonnements. Tout finit par se mélanger en un jambalaya passionnément culturel.

Verser le mélange dans une casserole et faire cuire pendant 10 minutes.

Il est juste de dire que Lafayette est le centre épicurien de la gastronomie nord-américaine. Pour les habitants de cette région de bayous, de prairies et d'eaux saumâtres du golfe, la cuisine a toujours été la célébration suprême d'une joie de vivre bien méritée.

Servir immédiatement.

Ecrevisses!

REMERCIEMENTS

Pour Dorice, Amélie, Aimée et Emmanuelle.

L'auteur remercie pour leur assistance et collaboration dans la réalisation de *Mémoires de Lafayette:* Dorice Côté, Frédéric Girani, Lafayette Convention and Visitors Commission, le Diocèse de Lafayette, A. J. LeBlanc (Village Acadien), Karl Hakala (Jean Lafitte Acadian Cultural Center), Lisa Hebert (Vermilionville), Betty Lowry (Musée de Lafayette), Glenn Armentor (Good Hope Hall), Jerry Bourg et Chris Landry (Restaurant Gator Cove), Wilson et Daniel Viator, Joyce Menard, le Conseil Pour le Développement du Français en Louisiane (CODOFIL), et Dr. Milburn Calhoun de Pelican Publishing.